4

대몽항쟁의 끝, 부마국 고려

박시백의 고려사 4

대몽항쟁의 끝, 부마국 고려

Humanist

머리말

　5,000년 역사를 통해 우리나라를 대표하는 이름으로 자리잡은 것은 조선, 한, 고려 이 셋이다. 조선이 가장 먼저 나오고 뒤이어 한, 고려가 나왔는데 공교롭게도 오늘날에 모두 쓰이고 있다. 남과 북이 각각 한과 조선을 국호로 삼았고 나라 밖에선 남과 북을 통칭해 '코리아(Korea)'라고 부른다. 코리아는 곧 고려로, 우리가 세계에 알려진 것이 고려 때임을 알게 해준다.

　자신의 존재를 세계에 알린 나라답게 고려는 확실히 외부에 열린 나라였다. 중국을 비롯해 거란, 여진, 몽골, 일본 등 주변 나라들은 물론 멀리 아라비아와도 적극적으로 교류했고, 적지 않은 이들 나라 사람들이 고려에 귀부해 정착했다. 고려는 귀부해 오는 이민자들을 거리낌 없이 받아들였고 이를 통해 자신의 문화를 더욱 풍부하게 했다.

　자주성이 강한 고려는 외부의 침략에도 단호히 맞서 싸웠다. 거란은 고려를 침략했다가 일찍이 겪어보지 못한 괴멸적 패배를 맛봤으며, 끝없는 정복전쟁으로 인류 역사에서 최대의 영토를 차지했던 몽골도 고려를 굴복시키는 데 무진 애를 먹었다. 외교적 수완도 뛰어나서 필요하면 형식적 사대를 하거나 제3국과 손잡고 상대를 압박했으며, 심지어 이이제이를 하는 모습도 보여주었다. 이는 모두 여차하면 힘으로 맞선다는 태세와 그럴만한 실력이 있었기에 가능한 일이었다.

　하지만 복잡하고 불안한 주변 정세 속에서 자주적으로 살아남는다는 것은 시련을 동반한다. 세 차례에 걸친 거란의 침입, 40여 년간 이어진 몽골과의 전쟁 등 외부의 침입으로 인한 고난의 시간이 너무 길었다. 당대의 백성들에겐 혹독하기 이를 데 없는 세월이었을 텐데 선조들은 그런 환경 속에서 세계 최초의 금속활자, 팔만대장경판, 고려청자 같은 빛나는 문화적 성취를 이뤄냈다. 실로 작지만 강하고 매력적이었던 나라, 고려!

이 책은 바로 고려에 대한 소개서로, 만화로 보는 고려시대사, 고려 정치사이다. 조선 초에 편찬된 《고려사》, 《고려사절요》에 철저히 기반했기에 이 두 책의 요약서라고도 할 수 있다. 500년 가까운 세월을 다섯 권에 담다 보니 사건과 인물 들에 대한 소개가 생략되거나 간략해 보이는 감이 있을 것이다. 하지만 고려사가 대중적으로 잘 알려져 있지 않은 편이라 지나치게 자세한 소개는 오히려 접근을 어렵게 할 수도 있겠단 판단에서 이 정도의 분량을 택했다. 부디 이 책이 고려사에 대한 관심을 높이고 이해를 넓히는 데 작은 보탬이 되었으면 하는 바람이다.

2022년 2월

차례

머리말 4
등장인물 소개 8

제1장 몽골의 침략과 항전

최씨가의 권력 세습 15
몽골과의 전쟁이 시작되다 29
강화 천도와 흔들리는 민심 44
거듭되는 침략 57
최항의 승계 63

제2장 무신정권과 항전의 끝

친조 출륙을 둘러싸고 79
최씨 정권의 몰락 91
고종의 죽음과 원종의 친조 101
무신정권의 종말 112
삼별초의 반기 123

제3장 원나라의 간섭

굴복의 대가　139
일본 원정　145
원의 간섭 방식　152
공녀, 환관, 투항자…　159
홍다구와 김방경　167

제4장 부마국

공주와 사위　181
사위와 외손자　191
충렬왕 대 충선왕　202
연경의 충선왕　213

작가 후기　232
고려사 연표　234
고려 왕실 세계도　238
정사(正史)로 기록된 고려의 역사, 《고려사》와 《고려사절요》　239

등장인물 소개

고종
고려 제23대 왕. 최씨 정권의 집권과 몽골의 침략 가운데 재위한다.

최우(최이)
최충헌의 장자, 강화 천도를 단행한다.

살례탑
1·2차 고려 침략을 주도한 몽골군 원수.

최향
최우의 동생, 홍주에서 반란을 일으킨다.

최춘명
항복을 거부한 자주성 부사.

박서
김경손
귀주성 전투의 영웅.

김윤후
승려 출신으로, 처인성 전투에서 살례탑을, 충주성 전투에서 차라대를 무찌른다.

최항
매부 김약선의 죽음으로 최우의 뒤를 이어 집권한다.

몽케
몽골의 제4대 칸. 친조 출륙을 요구한다.

야굴 　 차라대 　 여수달
고려를 침입한 몽케 칸 시대 몽골군 원수.

최의
최항의 아들로 최씨 정권의 마지막 집권자.

김준(김인준)
최씨 정권을 끝장내고 집권한 무신.

원종
고려 제24대 왕.
무신 집권을 끝냈으나
원의 간섭을 받기
시작한다.

임연
원종을 폐하고
안경공 창을
옹립한다.

쿠빌라이
원나라 제1대 황제.
일본 정벌을 거듭
추진한다.

임유무
임연의 아들로
마지막 무신
집권자.

배중손   김통정
삼별초 반기의 수장.

김방경
삼별초를 토벌하고
일본 원정을 이끈
고려의 장수이자 재상.

홍다구
홍복원의 아들로 고려에 원한이 깊은 원나라 장수.

충렬왕
고려 제25대 왕. 원 황제의 부마가 되어 부마국 고려의 시대를 연다.

충선왕
고려 제26대 왕. 쿠빌라이의 외손자이자 원 황제의 부마로 황실의 총애를 받는다.

제국대장공주
쿠빌라이의 딸이자 충렬왕의 부인.

계국대장공주
진왕의 딸이자 충선왕의 부인.

충숙왕
고려 제27대 왕.

연안군 왕고
충선왕의 조카로 심왕 자리를 물려받는다.

제1장

몽골의
침략과
항전

1219	최충헌 사망, 최우 승계
	한순·다지의 난
1225	최우, 사저에 정방 설치
1227	희종복위기도 사건
1230	최향의 난
1231	몽골의 1차 침입
	귀주성 전투
1232	강화 천도
	몽골의 2차 침입
	김윤후, 처인성에서 살례탑 사살
1233	홍복원·필현보, 서경에서 반란
1235	몽골의 3차 침입
1236	죽주에서 몽골군 격파
1237	이연년 형제의 난
1239	몽골군 철수
1249	최우 사망, 최항 승계

◀ **강화산성**
강화산성 북문 진송루 외측 전경이다. 1232년 강화 천도 후 대몽항쟁을 위해 축조한 것으로 내성·중성·외성을 쌓았으나 현재는 내성만 남아 있다.

최씨가의 권력 세습

집권 6년 차인 고종 12년(1225)의 모습이다.
백관들이 최우의 집에 나아가

정년도목(관리 임면에 대한 사유서)을 올렸다.
최우는 마루에 앉아서 받고

6품 이하는 뜰에서 절한 다음 엎드린 채 고개도 들지 못했다.

이후 최우는 아예 집 안에 정방을 두어 조정의 인사를 결정했다.

"당연히 우리 정방 관원들은 최공의 집으로 출근했고"

물론 반발이 없지 않았다.
고종 11년(1224)엔 대장군 이극인,
상장군 최유공 등이 최우를
죽이려 했다가 일망타진되었다.

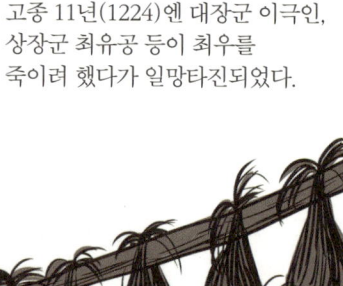

몽골과의 전쟁이 시작되다

● 요해처: 지세가 아군에게는 유리하고 적군에게는 불리한 곳으로 여기서는 의주, 화주(함경 금야군), 철령 등을 이른다.

김경손은 함께 온 열두 명의 결사대와 나섰다.

용기를 얻은 결사대가 분전하고

성안으로 들어갔던 별초들도 가세했으리라.

너댓 번의 전투 끝에 마침내 몽골군이 물러났다. 전초전의 승리였다.

참으로 장하시오. 어이구~ 팔에서 피가 많이 납니다.
화살을 맞았는데, 괜찮습니다.

이후 전투 과정에서 박서는 모든 것을 김경손에게 묻고 위임했다.

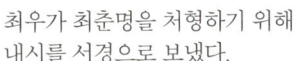

강화 천도와 흔들리는 민심

몽골군이 막 철수했을 때 충주 관노들이 난을 일으켰다.

앞서 몽골군이 충주성에 들이닥치자

부사 우종주를 비롯해 양반 별초군은 모두 도망가고

노군(奴軍)과 잡류 별초만이 남아 어렵게 성을 지켜냈다.

몽골군이 퇴각한 후 돌아온 우종주.

"관가와 사가의 은그릇들이 죄다 없어졌다. 어찌 된 일이냐?"

"글쎄요, 몽골군이 약탈해 간 모양이지요."

"못 믿겠는데."

제1장 몽골의 침략과 항전

● 초적: 농민저항군.

그런데 2차 침입은 뜻밖에도 쉽게 끝이 났다. 원수 살례탑이 용인의 처인성에서 화살에 맞아 죽었기 때문이다.

활을 쏜 이는 처인성에 피난 왔던 승려 김윤후였다.

총사령관을 잃은 몽골군은 철군길에 올랐다.

이 시기 고려는 동진과도 연락을 이어가고 있었는데 동진에 보낸 편지엔 몽골을 바라보는 최우 정권의 속내가 드러나 있다.

이른바 몽골이라는 나라는 시기심이 많고 무지막지해서 아무리 화친을 맺었다 해도 절대로 믿어서는 안 됩니다. 우리가 몽골과 화친을 맺은 것은 꼭 맺고 싶어 맺은 게 아니란 말씀입니다…

금년 12월 16일 수주(수원)의 속읍인 처인부곡의 작은 성에서 몽골군과 싸우던 중 적의 괴수인 살례탑을 사살하고 많은 적군을 사로잡자 나머지 군사들은 궤멸돼 사방으로 흩어졌습니다.

몽골의 침입이 거듭되던 이때 민심의 이반도 심각했다.

앞에 본 것만 해도 충주관노의 반란, 개경의 반란, 서경의 반란이 있었고…

성문을 열고 나가 급습해

평정했다.

서경은 지난해에 난이 있고 나서 선유사가 와서 민심을 수습 중이었는데

홍복원, 필현보 등이 선유사를 죽이고

성을 장악했다.

최우가 급히 가병 3,000명을 보내고

알다시피 우린 최정예!

북계병마사 민희가 합세해 진압에 성공했다.

상황 끝!

거듭되는 침략

몽골에 사신을 보내 다음과 같은 표문을 전하며 복종의 몸짓도 보였다.

외딴 곳에 자리잡은 저희 나라는 대국의 보호를 필요로 하는 바, 하물며 천명에 순응하신 황제께서 지금 우리를 관대하게 대우하시니 봉토를 지키는 신하로서 어찌 성의를 다해 복속하지 않겠나이까? 게다가 두 해에 걸쳐 다져진 우호를 바탕으로 영원한 화친을 맹약함으로써 상국에 복속한 이래 삶을 이어갈 기대를 되찾게 되었으니 지난 기묘, 신유년의 강화(강동성의 거란군을 물리치고 맺은 조약) 이후 더욱 든든한 의지처를 얻었다고 여기며 온 나라가 기뻐했던 것은 천지신명도 아는 일입니다.

그러나 모든 일이 기대대로만 되는 것이 아니며, 때론 신의가 의심을 받는 법도 있는지 도리어 황제 폐하께서 질책하시고 군사를 누차 보내 문책하실 줄이야 어찌 생각이나 했겠나이까?

생각건대 미봉책으로 어물어물 넘어가기보다는 차라리 백번 죽더라도 폐하께 호소하는 것이 나을 것 같아 하찮은 토산물을 긁어모아 미흡하나마 미천한 저의 간곡한 정성을 표하고자 합니다. 엎드려 바라옵건대 무력으로 징벌하겠다는 위협을 가하지 마시고 조상의 유업을 보존하게만 해주신다면 변변치 않은 토산물이나마 해를 거르지 않고 바치겠나이다. 또한 이번만이 아니라 영원히 그렇게 할 것을 약속드리옵니다.

몇 달 뒤 황제의 답변을 갖고 몽골 측 사신이 들어왔는데

요구는 간단했다.

충성을 다하겠다는 뜻이 진정이라면 직접 입조하라.

그,,, 그리 하겠나이다.

최항의 승계

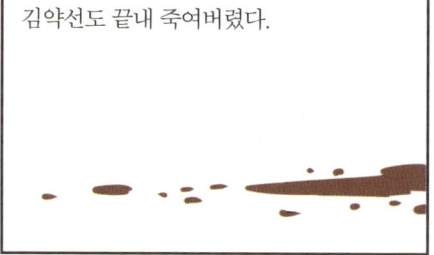

● 진양부: 최우를 위해 세운 부로, 정방·도방 등을 총괄하는 권력 기구.

● 도통: 각 도의 군대를 통솔하는 무관 벼슬.

⟨무신 집권자⟩　　　⟨고려 왕⟩　　　⟨몽골 황제⟩

최충헌 (1196~1219)

― 1 칭기스 칸 (1206~1227)

23 고종 (1213~1259)

최우 (1219~1249)

― 2 우구데이 (1229~1241)

― 3 구육 (1246~1248)

최항 (1249~1257)
최의 (1257~1258)
김준 (1258~1268)

― 4 뭉케 (1251~1259)

24 원종 (1259~1274)

― 5 쿠빌라이 (1260~1271)

임연 (1268~1270)
임유무 (1270)

― 1 원 세조 (쿠빌라이, 1271~1294)

25 충렬왕 (1274~1308)

4권 시기의
고려 왕과
몽골(대원) 황제입니다.

― 2 성종 (테무르, 1294~1307)

26 충선왕 (1308~1314)　― 3 무종 (카이샨, 1307~1311)
　　　　　　　　　　　― 4 인종 (아유르바르와다, 1311~1320)

27 충숙왕 (1313~1330)

― 5 영종 (시데발라, 1320~1323)
― 6 태정제 (이순 테무르, 1323~1328)

＊괄호 안은 재위 연도.

제2장

무신정권과 항전의 끝

1253 야굴을 앞세운 몽골의 침입

1254 차라대를 앞세운 몽골의 침입

　　　충주성·상주성 전투

1257 최항 사망, 최의 승계

1258 최의 사망, 김준 집권

　　　몽골, 쌍성총관부 설치

1259 고려-몽골 강화

　　　고종 훙거, 원종 즉위

1260 원종, 쿠빌라이에게 귀부

1268 김준 처형, 임연 집권

1269 임연, 원종을 폐하고 안경공 창 옹립

　　　원종 복위

1270 임유무 제거, 무신 집권 종결

　　　삼별초의 난

1273 김방경·흔도, 삼별초 토벌

　　　몽골, 탐라총관부 설치

◀ **진도 용장성**
배중손이 이끈 삼별초가 강화도에서 진도로 이동해 대몽항쟁의 근거지로 삼은 곳이다. 지금은 용장산 기슭에 성벽이 일부 남아 있으며, 성 안에는 절터와 궁궐 자리가 있다.

친조 출륙을 둘러싸고

몽골군은 무인지경의 고을들을 휩쓸고 다녔다.
이때 몽골군은 진주에까지 이르렀는데 그들이 다녀간 곳마다 초토화되었다.

몽골군의 침공 이래 이해보다 피해가 큰 적이 없었다. 몽골군에게 잡혀간 이들만 20만 명이 넘었고

몽골군의 칼날에 목숨을 잃는 일에 흉년까지 겹쳐 거리는 시체로 가득했다.

몽골군을 상대로 거둔 의미 있는 승리의 사례들도 있다. 충주산성의 책임자는 살례탑을 활로 쏘아 죽였던 김윤후.

모두 듣거라!

노비문서를 불사르고 노획한 마소를 나눠주며 약속했다.

힘 다해 싸우면 귀천을 불문하고 모두 관작을 받게 해주겠다. 나를 믿고 싸워라!

제2장 무신정권과 항전의 끝 87

이에 모두 목숨 걸고 싸웠고

날씨마저 도와주자 차라대는 70여 일의 포위를 풀고 결국 물러났다.

조정은 김윤후를 상장군으로 승진시키고

그의 약속대로 전투에 공이 큰 관노, 백정 들에게까지 관작을 내렸다.

상주산성에선 승려 홍지가

몽골군 서열 네 번째 장수를 사살했으며

성안 군사의 맹렬한 반격으로 몽골군의 절반 가까이를 죽여 성을 사수했다.

최씨 정권의 몰락

최우의 서자로 어미가 창기 출신이었던 최항,

출신에 따른 콤플렉스가 있었고
"창기의 창 자도 입에 올리면 안 돼. 목이 날아가."

참소를 잘 믿었으며
"아무개와 아무개 등이 모여 공을 해하려고 작당했다는 소문이…"
"그래? 당장 잡아다 목을 베야지."

아비처럼 향락을 일삼았다.

아버지 최우가 시작한 대장경 사업에 필요한 자금을 지원해 그 완성을 본 것이 그나마 평가할 만한 일.

고종 44년(1257) 윤4월, 최항이 위독했다.

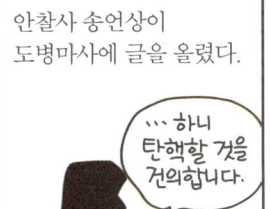

고종의 죽음과 원종의 친조

최의가 죽고 나서도 차라대와 여수달(예쉬데르)이 이끄는 몽골군이 내려와 서경에 주둔했다.

차라대가 보낸 사신이 와서 황제의 명을 전했다.
"실제로 섬에서 나와 항복하면 비록 개나 닭일지라도 한 마리도 죽이지 말고, 그렇지 않으면 섬을 쳐부수어라!"
이것이 황제 폐하의 명이고 국왕과 태자가 서경에 와서 항복하면 바로 철군하겠다는 것이 차라대 원수의 뜻입니다.

나는 이미 늙고 병들어 갈 수가 없소.
콜록

고려 사신이 가서 몽골군 장수 여수달을 만났다.
국왕이 못 온다면 태자라도 오게 하라. 그러면 물러나겠지만 그러지 않을 경우엔 군사를 몰아 남쪽을 짓밟아 버리겠다.

몇 기만 거느리고 백마산으로 와서 태자를 보실 순 없는지요?
내가 가서 태자를 봐야 하겠느냐, 태자가 와서 나를 만나야 하겠느냐?
예가 아닌 줄 아오나 대군이 두려워 그렇습니다.
좋다. 그러면 묘곶 강가에서 보도록 하자!

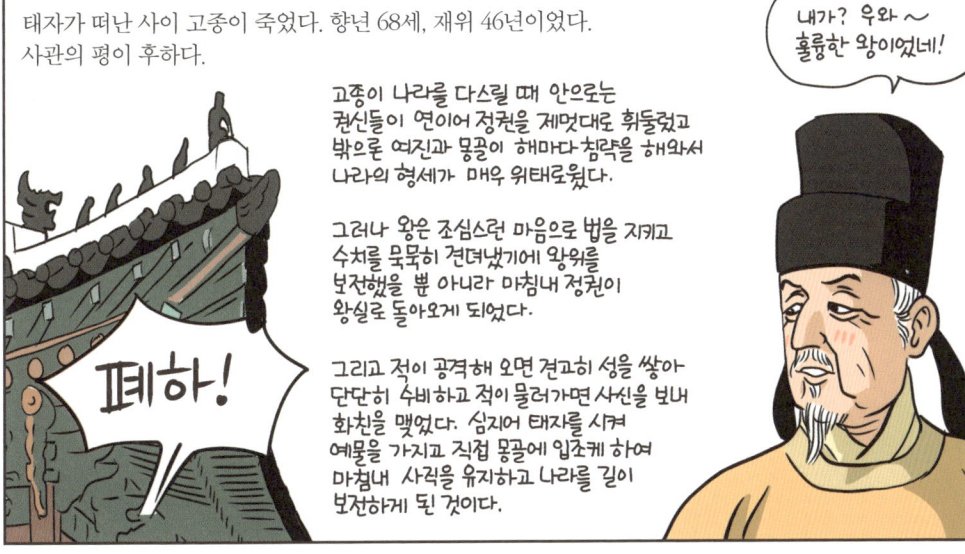

사관의 말처럼 무리수를 두지 않아 왕위를 지킨 건 맞다.

최충헌을 제거하려다 왕위에서 쫓겨난 희종을 봤으니까 그냥 납작 엎드려 지냈지.

그러나 몽골의 출륙과 친조 요구에 버티기로 일관한 것은 백성의 안위보다 자신과 자식들의 안위를 더 중히 여긴 때문이었음을 우리는 안다.

칫!

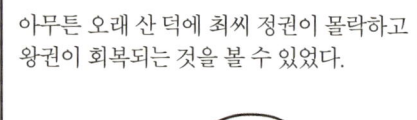
아무튼 오래 산 덕에 최씨 정권이 몰락하고 왕권이 회복되는 것을 볼 수 있었다.

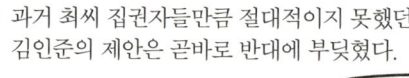
실력자 김인준은 엉뚱한 생각을 했다.

장수도 능력이야♪

왕권 회복? 그건 아니지. 그간 최씨 정권이 하던 일을 이젠 우리가 하게 될 테니까. ㅋ

마침 태자 전하도 몽골로 떠나 안 계신 상황이니 아우인 안경공이 보위를 잇게 합시다.

과거 최씨 집권자들만큼 절대적이지 못했던 김인준의 제안은 곧바로 반대에 부딪혔다.

맏아들이 계통을 잇는 것은 고금에 통용되는 법이오.

그렇소이다. 하물며 태자 전하께서 부왕을 대신해 조회하러 갔는데 아우를 왕으로 삼는 게 말이 되오?

알았소.

쭈글~

고려는 새매 20마리와 구리 612근을 몽골에 보냈다.

"새매는 미리 생포해 길들여야 하는 것이옵고 놋쇠는 생산되지 않는 것이어서 지금 가지고 있는 것을 모두 긁어 모은 것입니다."

이를 받은 쿠빌라이의 질책이 싸늘하다.

"…경이 건의해 온 일은 빠짐없이 들어주었으니, 가령 전통적인 의관 제도를 그대로 존치시켜 주고 우리 군대를 철수시켰으며 환도 문제, 포로를 돌려보낸 일 등 일일이 열거할 수도 없을 지경이다.
그런데 경(원종)은 짐의 이런 뜻을 헤아리지 않고 걸핏하면 속임수나 쓸 줄이야 어찌 생각했으랴.
저번에 잔기한 날짐승을 올리겠다고 하여 허락했더니 곧 그 약속을 어겼고 또 얼마 전엔 동(銅)화를 조금 징수하려 하자 엉뚱한 변명만 했다.

우리 조종들께서 새로 복속한 모든 나라가 반드시 지켜야 할 규칙을 이미 정해놓으셨다.
반드시 인질을 보낼 것, 호적을 만들 것, 우역(郵驛)*을 설치할 것, 병력을 낼 것, 군량을 운반할 것, 군비를 비축할 것 등이 바로 그것이다.

그러나 경은 인질을 제외한 나머지는 아무것도 행하지 않고 있다.
경이 알아서 처리하되 반드시 숙의를 거친 다음 실천에 옮기도록 하라."

이후로도 호적, 우역 설치, 병력 동원, 군량 수송 등에 대한 질책이 이어졌고

고려는 최대한 예를 갖추되 현실적인 어려움을 들어 호소하곤 했다.

"오랜 전란과 기근으로 살아남은 백성도 얼마 되지 않은 데다…"

원종 5년(1264) 쿠빌라이는 원종의 친조를 요구했다.

"입조해 천자를 알현하는 일이야말로 제후가 지켜야 할 중요한 규범이다. 이번 정초에 왕공들과 제후들을 상도에 모으기로 했으니 경도 속히 입조해 짐을 알현하라."

● 우역: 공문서 전달, 관물의 수송, 출장 관리의 숙박 편의 등을 위해 설치한 역.

무신정권의 종말

하여 이날은 결정을 내리지 못했지만

며칠 뒤 원종을 왕위에서 끌어내리고 백관을 모아 원종의 동생인 안경공 왕창을 즉위시켰다.

별궁에서 지내시면 됩니다~

그러곤 원종 명의로 표문을 만들어 몽골에 보냈다.

병으로 나랏일을 돌볼 수 없어 부득이 아우인 창에게 양위했습니다.

때마침 세자는 귀국 중이었는데 압록강을 건너기 전에 소식을 들었다.

믿을 수가 없구나. 확실한 얘기냐?

송구하옵니다. 태자전하!

삼별초의 반기

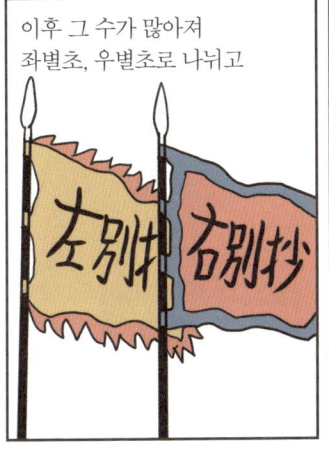

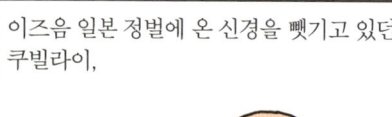

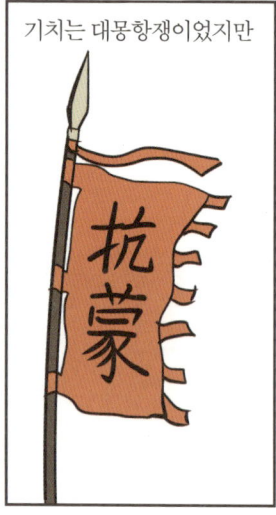

제3장

원나라의 간섭

1270	원, 동녕부 설치
1274	세자(충렬왕), 제국대장공주와 혼인
	원종 훙거, 충렬왕 즉위
	1차 일본 원정
1278	김방경 유배
1280	정동행성 설치
1281	2차 일본 원정
1283	원, 일본 정벌 전면 중지
1290	합단의 침입
	원, 동녕부 반환
1291	설도간, 합단 토벌
	홍다구 사망
1300	김방경 사망

◀ 몽고정
경남 창원시 마산합포구에 있는 고려 시대 우물로, 1281년 일본 원정을 앞둔 몽골군이 합포에 진을 치고 군사와 군마의 식수 확보를 위하여 판 것으로 알려져 있다.

굴복의 대가

태자가 원나라에 간 사이 임연이 원종을 폐위했을 때

서경에서 반란이 있었다.
"역도 임연을 타도하고 우리 임금을 복위시키자!"

주도자는 서북면의 영리(營吏) 최탄. 영리 한신, 교위 이연령 등과 세력을 모으더니

서경유수를 비롯한 서경의 관리들을 죽이고 반란을 일으켰다.

주변 성의 현령, 부사 들을 죽이며 일대를 장악한 반란 세력,

애초의 주장과는 다른 행보를 보인다.
"이제 개경으로 쳐들어가 권신들과 붙는 건가요?"
"미쳤어?"

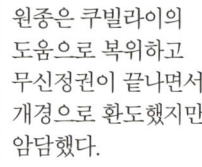

그렇게 일본 정벌이 목전의 일로 다가왔지만 원종의 몫이 아니었으니…
원종이 1274년 이해에 56세를 일기로 세상을 뜬 것이다.

폐하—

무신 세력으로부터 왕권은 되찾았으나 원나라에 의한
간섭과 지배라는 새로운 시대를 맞았던 원종,
태자 시절 몽골에 갔다가 쿠빌라이를 만난 것을
사관은 이렇게 묘사한다.

… 아릭부케가 군대의 힘으로
상도에서 웅거하고 있던 반면
원 세조(쿠빌라이)는 번왕으로서
양(梁), 초(楚) 지역에 있었지만
왕이 천명과 민심의 소재를 알고
가까운 아릭부케를 버리고 멀리 있는
세조를 찾아가니 세조가 이를 가상히 여겨
공주를 왕(충렬왕)에게 시집보내기까지 했다.
이로부터 대대로 장인과 사위의 친밀한
관계를 맺어 동방의 백성들로 하여금
백년 승평의 즐거움을 누리게 했으니
또한 존경할 만한 일이다.

이렇게도
덧붙였지요.

"밤낮없이 올바른 정치에
힘써야 함에도 불구하고
도리어 연락에 빠져서
결국 궁녀들이 그 심지를
좀먹고 환관들이 멋대로
왕명을 출납하는 지경에
이르게 했으니
참으로 애석한 일이다."

칫

일본 원정

원종이 죽었을 때 태자는 원나라에 있었다.

소식을 들은 쿠빌라이는 곧바로 태자를 고려 왕에 책봉했으니 바로 충렬왕이다.

내 사위^^

충렬왕은 8월에 귀국했고

10월에 그동안 준비해 온 일본 원정군이 합포를 떠났다(1274). 홀돈(쿠둔)이 이끄는 2만 5,000의 원나라 군사와 한족 군사, 김방경이 지휘하는 고려군 8,000과 초공·인해·수수 등 뱃사람 6,700명이 고려가 준비한 함선 900척에 나눠 타고 출정한 것이다.

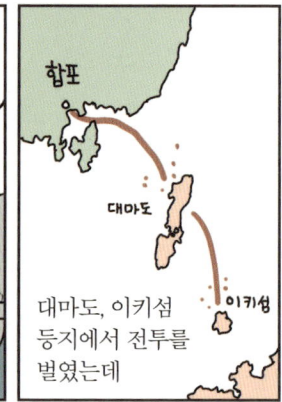

원의 간섭 방식

공녀, 환관, 투항자…

그러나 대부분의 집에선 딸을 보내기 싫어 일찍 결혼을 시켜버리는 조혼 풍습이 생겨났다.

충숙왕 후4년(1335) 전의부령 이곡이 원나라 어사대에 고려 처녀 요구를 금해줄 것을 청하는 소를 올렸는데, 당시의 풍경과 딸을 귀하게 여기는 고려인의 마음이 엿보인다.

옛적에는 제왕이 한번 명을 내리시면 온 천하가 공경하며 은덕이 내릴 것을 소망하여 그 조서를 덕음(德音)이라 불렀습니다. 그러나 요새 자주 특별 명령을 내리시어 남의 집 딸을 빼앗아 가니 대단히 옳지 못한 일입니다.
무릇 사람이 자식을 낳아 기르는 것은 뒷날 자식들의 봉양을 기대하는 까닭이니 귀인이나 화이(華夷)를 가릴 것 없이 그 천성이 같습니다.
차라리 아들을 분가시킬지언정 딸은 내보내지 않는 것이 고려의 풍속으로 이는 진나라의 데릴사위제와 비슷합니다.
통상 부모 봉양해 주기를 밤낮으로 바라는 것입니다.
그런데 하루아침에 품속에서 그 딸을 빼앗아 4천 리 밖으로 보내버리니 한번 문을 나서면 죽을 때까지 돌아오지 못하는 것을 뻔히 아는 그 마음이 어떠하겠나이까? …

요즘 고려에 사신으로 가는 자들은 하나같이 처녀만 데려가는 데 그치지 않고 자기 처첩까지 얻으려 합니다. 무릇 다른 나라로 사신 가는 일은 황제의 은덕을 널리 펴며 백성들의 고통을 살피려는 것이니 《시경》에서도 '두루 논의하고 두루 상의한다'고 말하지 않았습니까? 그런데 지금 사신으로 가는 자들은 재물과 여색으로 독직을 저지르고 있으니 이를 엄금하지 않을 수 없습니다. …

사신이 한번 오기만 하면 나라가 온통 소란에 싸여 개나 닭이라도 편안할 수 없습니다. 처녀들을 모아놓고 그중에서 데려갈 사람을 뽑는데 얼굴이 예쁘든 못났든 간에 사신에게 뇌물을 주어 그 욕심만 채워주면 비록 예쁘더라도 되돌려줍니다. 그리고 되돌려준 대신 다른 데서 보충하느라 수백 집을 뒤집습니다. 이 모든 것은 오로지 사신의 판단에 의해서 이루어지고 누구도 감히 어기지 못하는데 그 까닭은 무엇이겠습니까?
황제의 뜻이라고 말하기 때문입니다. 이와 같이 하는 것이 한 해에 한두 번, 그 수가 많게는 사오십 명이나 됩니다.
그 선발에 들고 나면 부모와 친척들이 함께 모여서 밤낮으로 울음소리가 끊이지 않습니다. 도성의 문에서 보낼 때에는 옷자락을 붙잡고 쓰러지기도 하고 길을 막고 울부짖으며 슬프고 원통해서 괴로워합니다. 우물에 몸을 던지거나 스스로 목을 매는 자도 있으며 근심과 걱정으로 기절하는 자도 있고 피눈물을 쏟아 눈이 멀어버리는 자도 있는데, 이런 것들은 이루 다 기록할 수도 없습니다 …

엎드려 바라옵건대 고귀하신 말씀을 조서로 내리시어 감히 황제의 뜻을 어겨 위로는 성스러운 귀를 더럽히고 아래로는 자기의 이익을 위하여 처녀를 데려가는 자 및 그 나라에 사신으로 가서 처첩을 취한 자가 있거든 금지하는 조목을 명시하셔서 차후로는 그런 일을 하지 못하게 해주십시오.

황제가 이곡의 청을 받아들였지만 이후로도 처녀를 찾는 행렬은 그치지 않았다.

고려엔 본래 거세한 환관이 없었다.

사고로 불구가 된 이들이

환자라 불리며 궁궐에서 후궁에 대한 일을 맡아보았다.

이때 제국대장공주가 환자 몇을 세조에게 보냈는데

황후를 모시는 일이나

궁중의 재물을 관리하는 일에 탁월한 역량을 보였다.

오! 쌈박한데

홍다구와 김방경

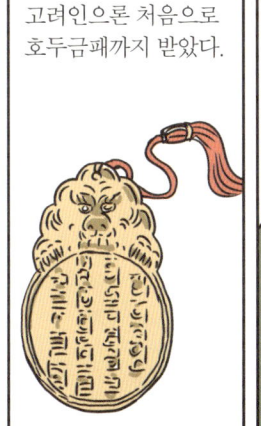

제4장

부마국

1296	세자(충선왕), 계국대장공주와 혼인
1297	제국대장공주 훙서
1298	충선왕에게 전위, 충렬왕 복위
1301	탐라총관부 폐지
1307	충선왕, 원 무종 즉위를 도움
1308	충렬왕 훙거, 충선왕 복위
1310	충선왕, 세자 감 제거
1313	충숙왕 즉위
	연안군 고 세자 책봉
1314	충선왕, 연경에 만권당 건립
1316	충선왕, 심왕 자리를 세자 고에게 이양
	충숙왕, 복국장공주와 혼인
1320	원 영종, 충선왕 토번으로 유배
1323	충선왕 복권
1325	충선왕 훙거

◀ **만권당**
충선왕이 연경에 머물며 학문을 탐구했던 만권당이 있던 곳으로 추정되는 중국 베이징시 위위안탄(玉淵潭) 공원의 모습이다. 충선왕이 토번으로 유배되면서 없어진 것으로 보인다.

공주와 사위

충렬왕과 쿠빌라이의 딸 제국대장공주는 원종이 죽기 직전 원나라에서 결혼했고

귀국한 뒤 즉위했다.

공주가 개경에 들어오자

오랜 전쟁에 지쳤던 나이 많은 백성들은 이렇게 말하며 기쁨을 표했다.

다시 태평성대를 보게 될 줄이야!

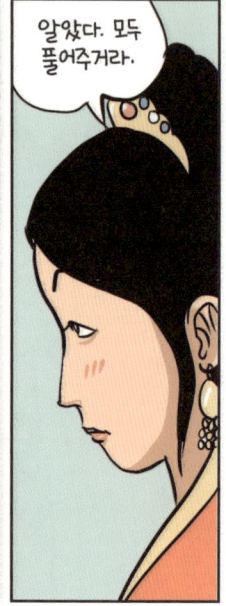

그러나 나이 스물이 되고부터는 제법 성숙한 모습을 보인다.

충렬왕은 사냥을 가든 절에 행차하든 대부분 공주와 함께했다.
당연하지. 내가 고려 땅에 당신 하나 보고 왔는데.

2차 일본 원정 땐 둘이 같이 합포까지 다녀오기도 했다.

공주는 점차 왕비답게 처신했다.

충렬왕 8년(1282)엔 왕의 사냥을 놓고 책망하는 게 두 번이나 보인다.
사냥 놀이가 급한 일도 아닌데 어째서 나를 여기까지 데려왔습니까?

나도 혼자 오고 싶다고요.

사냥 놀이만 일삼으면 나랏일은 어찌 하시겠단 겁니까?

사위와 외손자

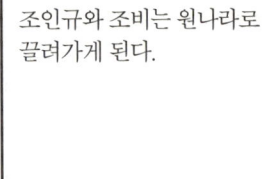

충렬왕 대 충선왕

원으로 간 전왕(충선왕), 공주와는 틀어질 대로 틀어졌고

자숙하며 지내야 했다.

60대의 충렬왕은 정사엔 별 흥미가 없었다.

별거 있니? 알아서들 해라.

대신 유흥에 빠져들었다.

삼장사 안에 등 밝히러 갔더니 그 절 주지 내 손목을 쥐었어요. 이 소문이 절 밖에 새어나가면 상좌여, 이것은 네가 말한 것이리라.
그 자리에 나도 자러 가리라. ♪♩

원 조정에선 충렬왕이 조정을 제대로 통괄하지 못한다고 판단해 형식적 기구로 남아 있던 정동행성 관리를 직접 파견했다.

가서 왕을 바로 이끌고 정무에 힘쓰게 하라.

대세가 카이산으로 기울면서 연경에서 권력의 축은 전왕에게로 옮겨왔다.

김문연을 고려로 보내 80여 명의 인사를 단행하고 세력 교체를 행했으며

송분 등 36명은 가산을 적몰하고 유배하며 아무개 등 수십 명은 장형에 처한다.

왕유소, 송방영, 송린, 한신 등 여덟 명을 처형했다.

서흥후 왕전도

이윽고 카이산이 새 황제로 즉위하니 무종이다. 우승상 답자한과 전왕은 일등공신이 되었다.

무종은 전왕을 심양왕(심왕)에 책봉했다.

勅命
고려 세자 왕장을 심양왕에 봉하노라

어쩔 수 없게 된 왕은 고려로 돌아갔다.

고려로 돌아온 충렬왕은 1년 남짓 만에 세상을 뜨니 재위 34년, 향년 73세였다.
사신은 다음과 같이 논평한다.

"… 어느 날 갑자기 하늘이 참화를 거둬들이니 왕이 권신을 죽여 없애고 원나라에 귀부했으며, 천자는 이를 가상히 여겨 공주를 시집보내 주었다. 공주가 우리나라에 이르자 부로들이 기뻐하며 '1백 년 전란 끝에 다시 태평성대를 볼 줄은 생각조차 못 했다'며 경하했다. 왕이 또한 다시 원나라 서울로 가서 우리나라가 겪고 있는 폐해를 낱낱이 말하니 황제가 받아들여 자기 나라 군대를 철수시킴으로써 우리 백성이 안정을 찾게 되었다. …

만년에는 측근 신하들의 참소에만 귀를 기울여 적자를 폐하고 조카를 후계로 세우려고까지 했던 것이다. 그가 동궁으로 있을 때 아무리 고전을 밝게 읽게 하고 책을 읽어 그 뜻을 터득했다 해도 무슨 소용이란 말인가? 아아! 누구나 시작은 잘하지만 유종의 미를 거두는 이는 드물다는 옛말은 바로 충렬왕을 두고 말한 것이 아니겠는가?"

"고려 왕들 가운데 가장 장수했지 흥"

사신의 논평처럼 최초로 원 황제의 부마가 되어 고려의 특수한 지위를 확보했고

쿠빌라이 황제에게 청해 고려의 숙원 과제들을 상당히 해결한 왕이기도 했다.

"동녕부, 탐라총관부를 되찾아 왔고"

"끌려간 백성들을 상당수 돌아올 수 있게도 했지."

반면 아들과 정적 관계라는 묘한 전통도 만들었으니…

연경의 충선왕

부왕의 부음을 접하고 충선왕은 서둘러 달려와 10년 만에 왕위에 복귀했다.

아비와 그 측근들에 의해 핍박받았던 10년 세월, 그러나 이제 모든 것이 달라졌다. 왕의 반대 세력은 제거되었고

원 황실은 그의 든든한 뒷배.

이번에 새로 고려 왕으로 책봉되면서 심왕의 지위도 그대로 유지하게 됐지. 고려는 물론 만주까지도 내 관할하에^^

원 황실 내에서의 지위도 다섯 손가락 안에는 들걸.

어릴 적부터 보여 온 총명과 결단력이 빛을 발한다.

최근 들어 간악한 신하들이 공사의 전민을 강탈해 인민들은 굶주리고 관청의 곳간은 텅 비어 실로 개탄하지 않을 수 없는 지경이다.

세자 시절의 충선왕은 그런 처지의 형을 동정했다.

이때엔 이미 세상을 뜬 상황이었는데 대신 그의 아들들, 그중에서도 둘째 고를 각별히 사랑했다.

너는 내 조카지만 아들로 여길 테니 너도 나를 아버로 생각해라.

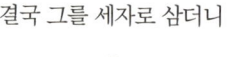

결국 그를 세자로 삼더니

충숙왕 3년엔 인종에게 고해 자신의 심왕 자리를 고에게 물려주고 만다.

이에 인종도 심왕 고를 공주와 혼인시켜 힘을 실어주었다.

그러니 외견상 심왕 고는 충숙왕과 대등한 입지를 갖게 된 것이다.

상왕은 여전히 고려의 주요 정책에 영향력을 행사했다.

토번은 곧 티베트, 상왕은 몇 달이나 걸려 유배지에 도착했다.
호종한 이는 고작 열여덟 명.

호위를 맡았던 이들 중에서 방연 형제는

"이런 데서 언제까지 살아야 해?"
"돌아가려면…!"

상왕을 시해하려고 상왕이 머무는 장막에 불을 지르기도 했다.

상왕이 최유엄, 권부 등에게 글을 보냈다.

내가 운수가 기구해 이 같은 우환을 당하매 혈혈단신으로 산 넘고 물 건너 1만 5천 리 길을 지나 토번에 왔다. 우리 사직에 큰 욕을 끼쳤으니 누워도 잠을 이루지 못하고 먹어도 맛을 알지 못한다. 모든 원로들 또한 노심초사할 것을 생각하니 더욱 미안하고 부끄럽도다.

국왕은 아직 어려 국정을 잘 모르니 그동안 나를 꺼려했던 군소배들이 나의 이 같은 곤궁한 상황을 기회로 여겨 간교한 책략을 멋대로 꾸미고 우리 부자를 이간질하지 않는다고 어찌 단언하겠는가?
그대 원로들은 마음과 힘을 합쳐 속히 나를 귀환시키도록 황제 폐하께 잘 아뢰어라.

고려의 신하들도 상왕 구명 활동에 나섰다. 다음은 이제현이 승상 배주(바이주)에게 올린 글의 일부다.

··· 우리 연로하신 상왕께서 천자의 진노를 만나 몸둘 곳을 몰라할 때 승상께서 애처롭게 여기시어 천자의 엄명 아래에서 죽은 사람을 살려내시는 큰 은혜를 베푸시어 가벼운 벌을 적용해 먼 곳으로 유배 보내게 배려하셨으니 다시 살려주신 은혜는 부모를 넘어섭니다.

그러나 그 땅이 너무나 멀고 또한 궁벽해 말이 통하지 않고 풍토와 기후도 전혀 다릅니다. 그리고 도적이 불시에 튀어나오고 굶주림과 목마름이 번갈아 닥쳐오니 몸은 파리하게 수척해지고 머리는 희어져서 그 고통스럽게 지내는 모습은 말만 해도 눈물이 흐를 정도입니다.

인척 관계로 말하자면 그는 세조의 외손자이며, 그 공로로 말하면 선제의 공신입니다. 또한 그 조부는 성무황제(칭기스 칸)께서 나라를 세울 때부터 의로움을 사모하여 먼저 복속하고 대대로 충성을 다하는 공을 세웠으니 전(傳)에서 말하는 것처럼 십 대에 걸쳐서라도 용서하는 경우에 해당됩니다. 유배된 이래로 이미 4년이나 되었으니 마음을 고치고 허물을 뉘우친 것도 많습니다 ···

그런 노력이 상황을 바꾸지는 못했다. 그런데도 상왕은 오래지 않아 돌아올 수 있게 되었으니

저언하!

유배를 떠날 때처럼 돌아올 때도 황실의 상황 변화가 있어서였다. 영종이 살해되고

황숙인 태정제(이순 테무르)가 즉위한 것이다 (충숙왕 10년, 1323).

제4장 부마국 229

어렸을 때부터 남달랐던 총명도 쿠빌라이의 외손이란 신분도,

황제들의 절친이란 압도적 권력 기반도,

당대의 명유들에게 밀리지 않는 풍부한 교양과 학식도

고려 왕으로서의 그의 정치엔 큰 도움이 되지 못했다. 사신의 논평이 정확하다.

충선왕은 세자 시절 원나라 조정에 입시해 요수, 조맹부 같은 명유들과 교유했으며 간혹 그 나라 정치에 관여해 썩 훌륭한 의견을 내놓기도 했다. 왕위에 오른 후 상국의 관직제도와 겹치는 것을 피해 관직 명칭을 바꾼 것은 제후로서의 법도에 충실한 조치였으며, 전부(田賦)를 올바르게 고치고 염법(鹽法)을 제정한 것은 정치의 요체를 안 행동이었다.

그러나 임금의 자리는 온 백성이 우러르며 모든 정무가 집중되는 자리라 단 하루라도 비워서는 안 되는 것인데도 왕은 황제의 분부로 복귀한 뒤 부녀자들과 내시들의 꾐에 빠져 다섯 해나 연경에 그대로 눌러앉았다.
이에 나라 사람들이 필요한 물자를 대느라고 고통을 겪었고 시종하는 신하들은 오랜 객지 생활에 지친 나머지 귀국할 생각만 하면서 마침내 서로 모함하기에 이르렀다.

원나라 또한 그에게 염증을 느껴 두 차례나 귀국을 종용해 오자 왕은 피할 구실이 없어 아들 왕도에게 왕위를 물려주고 조카 왕고를 세자로 삼았다.
그 때문에 부자와 형제 사이에 온갖 시기 질투가 일어나 그 화가 여러 대에까지 그치지 않았다.
장래에 대한 계획이 이처럼 불성실했으니 그가 토번으로 유배 간 것도 기실 우연이 아니다.

작가 후기

　4권은 몽골의 침략과 고려의 항전, 그리고 항복과 원의 내정간섭 시기를 다룬다. 유라시아 대륙을 석권한 강력한 몽골군의 공격에 맞서 고려는 수십 년간 항복하지 않고 버텼다. 작지만 강한 나라 고려의 진면목을 보여주기에 부족함이 없을 것이다.

　여기엔 또 다른 진실이 있다. 처음 몽골군이 쳐들어왔을 때 귀주성, 서경성, 자주성 등에서는 항복을 거부하고 몽골군의 집요한 공격을 끝까지 막아냄으로써 몽골군을 경악하게 했다. 하지만 이후 무신정권은 자신들의 안위를 위해 안전한 강화도로 천도했고, 몽골군이 쳐들어올 때마다 취한 대책이라곤 백성들로 하여금 산성이나 섬으로 대피하게 하는 것뿐이었다. 백성들은 마을을 버리고 산성이나 해도 혹은 산속으로 들어가 연명했고 몽골군을 상대로 산성에 의지해 싸우거나 유격전을 펼쳤다. 수십 년에 걸친 대몽항쟁은 중앙정부의 이렇다 할 지원 없이 펼쳐진, 말하자면 백성들의 생존 투쟁이었다. 어쨌거나 몽골군은 수없이 쳐들어왔지만 강화도를 점령할 능력은 못 되었고, 곳곳에서 고려 백성의 저항을 맞닥뜨리면서 외려 고려에 대해 일종의 경외심을 갖게 되었다. 이것이 항복 이후에도 원이 고려를 존속시킨 하나의 이유다.
　무신 집권자들은 항복해서 강화도를 나오는 순간 자신들의 권력이 종말을 맞을

것임을 알았고 실제로 이후 그렇게 되었다. 이제 고려 왕의 책봉과 폐위까지도 결정하는 최종 권력은 무신 세력에서 몽골(원)로 넘어갔다.

　원의 간섭이 정착되면서 원나라 수도에서는 고려 여인과 환관 들이 무시 못 할 권력을 형성해 갔다. 말도 통하지 않는 땅에 내동댕이쳐진 상황에서도 영민함과 특별한 적응력으로 고려 여인들은 후궁이나 심지어 황후가 되는가 하면 환관들은 권력의 실세로 떠오르곤 했다.
　자기 나라로부터 버림받고 각자도생의 처지에 몰린 이들이 부대를 이뤄 몽골군을 무찌르거나 이역만리에서 성공적으로 살아남는 데서 고려의 강함을 다시금 떠올린다. 그것은 결국 민초들 개개인의 강함이 아닐는지.

고려사 연표

고종

1219 고종 6년
9월 20일 최충헌이 죽다.
10월 한순과 다지가 반란하다.

1224 고종 11년
7월 대장군 이극인이 최우를 죽이려다 발각돼 처형되다.

1225 고종 12년
1월 몽골 사신 저고여가 도적에게 살해당하자 국교가 단절되다.
6월 최우가 집에 정방을 두고 인사를 처리하다.

1227 고종 14년
3월 희종복위기도 사건에 연루되어 김희제가 자결하고, 전왕이 교동으로 옮겨지다.

1229 고종 16년
8월 24일 우구데이 칸이 즉위하다.

1230 고종 17년
7월 최향이 홍주에서 반란하다.

1231 고종 18년
8월 29일 몽골 원수 살례탑이 철주를 도륙하다.
9월 3일 김경손이 몽골군의 귀주성 침략을 막아내다.
11월 22일 몽골 사신 문초를 빌미로 평주성을 도륙하다.
11월 29일 몽골군이 개경의 선의문에 이르다.
12월 23일 살례탑이 고가품과 남녀 아이 등을 요구하다.
12월 29일 황제에게 화친을 청하는 표문을 올리다.
12월 박서가 다시 귀주를 공격한 몽골군을 물리치다.

1232 고종 19년
1월 11일 몽골군이 철수하다.
1월 15일 충주 관노들이 반란을 일으키다.
4월 항복하지 않은 자주부사 최춘명을 석방하다.
6월 16일 강화도로 천도하다.
7월 6일 이통이 난을 일으키다.
12월 살례탑이 처인성에서 죽다.

1233 고종 20년
5월 이자성이 경주의 반란을 진압하다. 홍복원, 필현보 등이 서경에서 반란을 일으키다.
12월 최우가 서경 반란군을 토벌하다.

1234 고종 21년
3월 6일 조숙창을 참수하다.
5월 21일 시중 김취려 죽다.

1235 고종 22년
윤7월 15일 몽골군이 안변도호부를 침략하다.

1236 고종 23년
9월 8일 죽주에서 몽골군을 격파하다.

1237 고종 24년
10월 19일 강화외성을 쌓다.
미상 김경손이 이연년을 토벌하다.

1238 고종 25년
윤4월 몽골군이 황룡사탑을 불태우다.
12월 몽골에 침략을 중지해달라는 표문을 보내다.

1239 고종 26년
4월 몽골군이 철수하다.

1241 고종 28년
4월 영녕공 준을 왕자라고 속여 몽골에 독로화로 보내다.

1246 고종 33년
7월 12일 구육 칸이 즉위하다.

1249 고종 36년
윤2월 최우가 최항을 참소한 외손자 김미를 유배 보내다.
11월 5일 최우가 죽자 최항을 추밀원부사로 삼다.

1250 고종 37년
1월 교정별감 최항이 별공과 어량세, 선세를 면제하다.
8월 27일 강화에 중성을 쌓다.

1251 고종 38년
6월 11일 뭉케 칸이 즉위하다.
10월 21일 몽골이 왕의 친조와 개경 환도를 요구하다.

1252 고종 39년
1월 21일 이현을 몽골에 보내다.

1253 고종 40년
4월 7일 몽골이 북계와 동계로 쳐들어오다.
8월 12일 야굴이 몽골 황제의 조서를 전하다.
11월 16일 왕이 승천부에서 몽골 사신을 맞다.
12월 28일 고종의 차남 안경공 창을 몽골에 보내다.

1254 고종 41년
7월 22일 차라대의 군대가 압록강을 건너다.

1256 고종 43년
9월 23일 차라대가 철수하다.

1257 고종 44년
윤4월 2일 최항이 죽다.

1258 고종 45년
1월 3일 송길유를 유배 보내다.
3월 26일 유경, 김인준 등이 최의를 죽이다.
7월 11일 여수달이 노하여 최후통첩을 보내다.
12월 14일 몽골이 쌍성총관부를 설치하고, 조휘를 총관으로 삼다.

1259 고종 46년
4월 21일 태자가 화친을 청하는 표문을 갖고 몽골로 가다.
6월 30일 왕이 훙거하다.

원종

1260 원종 원년
3월 태자(원종)가 쿠빌라이에게 귀부하자 크게 후대하다.
3월 21일 왕이 즉위하다.
3월 24일 쿠빌라이 칸이 즉위하다.
4월 9일 황제가 변고를 우려해 왕을 응원하는 조서를 보내다.
8월 17일 황제가 의관을 풍속에 따라 시행하라는 조서를 보내다.

1264 원종 5년
9월 29일 입조 요구에 왕이 황제를 알현하다.

1266 원종 7년
11월 25일 몽골이 일본으로 가는 길을 인도해 줄 것을 요구하다.

1267 원종 8년
8월 1일 황제가 일본행을 재차 독촉하다.
8월 22일 반부를 일본에 파견하다.

1268 원종 9년
3월 21일 황제가 출륙 불이행을 질책하는 조서를 보내다.
7월 18일 반부를 몽골에 보내 일본 방문 결과를 설명하게 하다.
12월 21일 김준을 처형하다.

1269 원종 10년
6월 21일 임연이 왕을 폐하고 안경공 창을 옹립하다.
7월 23일 세자가 임연의 반란을 알고 몽골로 되돌아가다.
8월 25일 황제가 원종 폐위의 전말을 조사하게 하다.
10월 3일 서경에서 최탄 등이 반란을 일으키다.
10월 28일 최탄이 몽골에 투항하다.
11월 23일 왕이 복위하다.

1270 원종 11년
2월 7일 황제가 동녕부를 설치하다.
2월 25일 임연이 죽다.
5월 11일 임유무가 출륙 명령을 따르지 않고 항전을 준비하다.
5월 14일 임유무를 죽이다.
5월 27일 왕이 개경에 거처를 정하다.
6월 1일 삼별초 장군 배중손 등이 반란을 일으키다.
8월 19일 삼별초가 진도로 들어가 약탈하다.
9월 7일 김방경을 전라도 추토사로 삼아 몽골군과 함께 삼별초를 토벌하게 하다.
11월 홍찬 등이 김방경을 무고해 개경으로 압송되다.

1271 원종 12년
5월 15일 김방경 등이 진도에서 삼별초를 대파하자 김통정이 잔당을 이끌고 탐라로 들어가다.
11월 15일 쿠빌라이가 제1대 대원 황제로 등극하다.

1273 원종 14년
4월 28일 김방경과 흔도의 군대가

탐라에서 삼별초를 평정하다.
윤6월 6일 원이 탐라총관부를 두다.

1274 원종 15년
1월 원이 홍다구를 감독조선관군민총관으로 임명하다.
3월 25일 원이 양양부 군인들의 처가 될 여자들을 강제로 뽑아가다.
5월 11일 세자가 제국대장공주와 혼인하다.
5월 14일 원에서 일본 정벌군 1만 5,000명이 오다.
6월 18일 왕이 훙거하다.

충렬왕

1274 충렬왕 즉위년
8월 26일 귀국한 왕이 즉위하다.
10월 3일 합포에서 출발한 일본 원정군이 폭풍 때문에 피해를 입다.
11월 27일 일본 원정군이 많은 전사자를 내고 돌아오다.

1275 충렬왕 원년
3월 10일 원이 일본에 사신단을 보내다.
10월 13일 황제가 혼인 문제와 관직 명칭에 대한 조서를 보내다.
10월 25일 관제를 고치다.
12월 제국대장공주가 정화궁주를 질투하여 연회를 중지시키다.

1276 충렬왕 2년
12월 16일 정화궁주가 공주를 저주한다는 무고가 올라오다.

1277 충렬왕 3년
1월 12일 왕자 원을 왕세자로 책봉하다.
12월 13일 김방경을 모반 혐의로 구속했다가 석방하다.

1278 충렬왕 4년
1월 18일 왕이 흔도·홍다구와 함께 김방경을 국문하다.
2월 3일 김방경을 유배 보내다.
7월 3일 충렬왕이 원 황제에게 김방경의 역모가 무고임을 설명하다.

1279 충렬왕 5년
8월 일본에 간 원 사신과 고려 통역관이 피살되다.
10월 3일 원에서 일본 정벌을 위한 전함 건조를 독려하다.

1280 충렬왕 6년
10월 원이 정동행성을 설치하다.

1281 충렬왕 7년
3월 17일 2차 일본 원정을 위해 김방경의 군대가 합포로 향하다.
4월 18일 왕이 원정군을 사열하다.
8월 16일 2차 일본 원정에 실패하다.

1283 충렬왕 9년
5월 26일 원이 일본 정벌을 전면 중지하다.

1287 충렬왕 13년
5월 12일 내안대왕이 반란을 일으키자 고려가 구원에 나서다.

1290 충렬왕 16년
2월 합단의 군사가 쳐들어오다.
3월 24일 동녕부를 되돌려 받다.
11월 28일 세자를 원에 파견하다.

1291 충렬왕 17년
1월 15일 원충갑이 원주에서 합단 군대를 격퇴하다.
1월 24일 세자의 청으로 황제가 토벌군을 보내다.
5월 29일 설도간이 합단을 토벌하고 돌아가다.

1292 충렬왕 18년
4월 15일 세자가 귀국하면서 왕의 출영을 만류하다.

1293 충렬왕 19년
10월 17일 왕이 원으로 출발하다.

1294 충렬왕 20년
4월 14일 원 성종이 즉위하다.
5월 5일 왕이 탐라 반환을 청하자 황제가 수락하다.

1295 충렬왕 21년
9월 21일 세자를 판중군사로 삼다.

1296 충렬왕 22년
11월 27일 세자가 진왕의 딸 계국대장공주와 혼인하다.

1297 충렬왕 23년
5월 21일 공주가 훙서하다.
7월 27일 세자가 무비를 처벌하다.

1298 충렬왕 24년·충선왕 즉위년
1월 13일 세자비가 고려에 도착하다.
1월 19일 왕이 세자에게 전위하다.
5월 승지방을 혁파하고 왕명 출납을 사림원에 위임하다.
6월 공주가 조비를 무고해 원에서 조인규와 조비를 잡아가다.
8월 19일 원이 태상왕을 다시 고려 왕으로 삼다.

1299 충렬왕 25년
10월 17일 원이 정동행성 평장사를 파견하다.

1300 충렬왕 26년
6월 8일 황제가 왕을 위해 지손연을 베풀다.
8월 16일 김방경 죽다.

1301 충렬왕 27년
5월 12일 탐라총관부를 없애고 만호부를 두다.

1303 충렬왕 29년
8월 20일 홍자번 등이 왕궁에서 오기를 체포해 원으로 압송하다.
9월 16일 왕이 전왕의 환국을 막기 위해 원에 가다.

1306 충렬왕 32년
미상 왕유소 등이 왕과 전왕 사이를 이간질하고 갈등을 부추기다.

1307 충렬왕 33년
3월 27일 전왕이 다시 국권을 장악하다.
4월 10일 서흥후 왕전과 왕유소 일당을 처형하다.
4월 원이 왕에게 환국을 명하다.
5월 미상 전왕이 무종을 원 황제로 즉위시키다.

1308 충렬왕 34년
7월 13일 충렬왕이 훙거하다.

충선왕

1308 충선왕 복위년
8월 28일 왕이 복위하다.
10월 21일 허공의 딸을 순비에 봉하다.
10월 24일 왕이 숙창원비와 정을 통하고 숙비로 책봉하다.
11월 16일 왕이 각종 개혁정책을 발표하다.
11월 17일 왕이 원에 가다.

1309 충선왕 원년
4월 27일 백관이 왕의 환국을 요청하는 글을 보내다.
10월 미상 왕을 모함하던 홍중희가 원에서 처벌되다.

1310 충선왕 2년
5월 29일 왕이 세자 감을 죽이다.

1311 충선왕 3년
3월 18일 원 인종이 즉위하다.

1313 충선왕 5년
2월 16일 원이 김심 등을 유배하다.
3월 24일 왕의 장자 도를 왕으로, 조카 연안군 고를 세자로 책봉하다.

충숙왕

1314 충숙왕 원년
3월 상왕이 원에 만권당을 짓다.

1316 충숙왕 3년
3월 9일 심왕 자리를 고에게 주다.
7월 8일 왕이 영왕의 딸 복국장공주와 혼인하다.

1320 충숙왕 7년
2월 16일 원 영종이 즉위하다.
4월 상왕이 강남 어향사를 청하다.
12월 4일 황제가 상왕을 토번으로 유배하다.

1323 충숙왕 10년
1월 20일 이제현 등이 원에 상왕의 소환을 요청하다.
9월 4일 원 태정제 즉위하다.
11월 10일 상왕이 복권되어 연경에 오다.

1324 충숙왕 11년
1월 27일 황제가 왕의 환국을 명하고 국왕의 인장을 하사하다.

1325 충숙왕 12년
5월 13일 선왕이 훙거하다.

고려 왕실 세계도

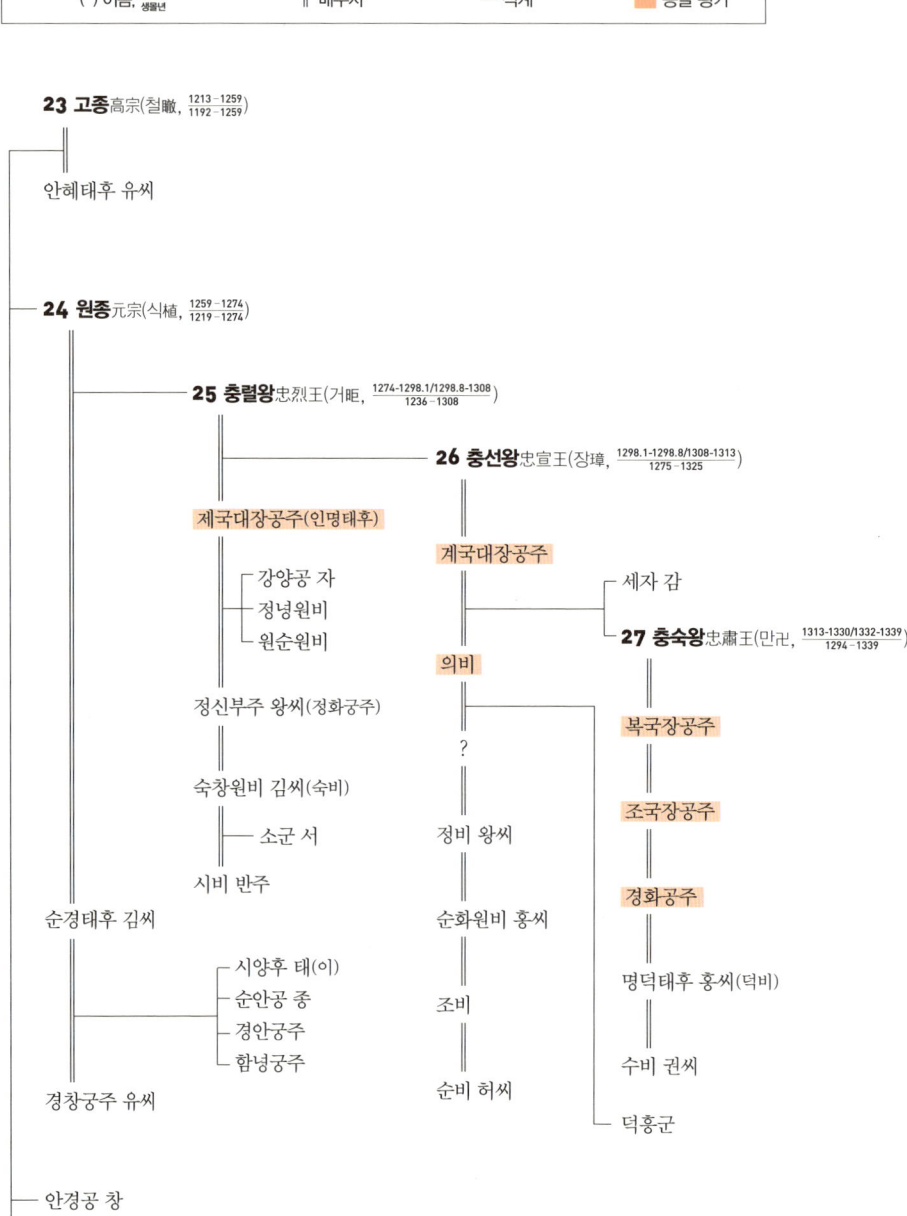

정사(正史)로 기록된 고려의 역사, 《고려사》와 《고려사절요》

고려에 관한 가장 풍부한 기초 자료집, 《고려사》

《고려사(高麗史)》는 고려 왕조의 역사를 충실하게 담고 있는 역사서로, 조선 초기 김종서·정인지 등이 세종의 교지를 받아 편찬했다. 오늘날 전하는 고려시대 역사서 가운데 가장 오래됐으며, 당대의 역사서는 물론 문집·묘지명 등 다양한 사료를 수록하여 세가 46권, 지 39권, 연표 2권, 열전 50권, 목록 2권 등 총 139권 75책으로 구성되어 있다. 특히 열전은 한 시대를 풍미한 인물 1,008명의 이야기를 담았으며, 인물 배치 순서에서 편찬 의도가 넌지시 드러나 《고려사》에서 가장 흥미로운 부분으로 꼽히기도 한다.

방대한 내용을 담았음에도 《고려사》는 엄격한 역사성과 객관성을 유지한 역사서로 평가받는다. 편찬자가 문장을 만들어내지 않고 엄정히 선택한 원 사료의 문장을 그대로 옮겨 적는 방식으로 엮었으며, 인물 평가도 한 개인에 대한 칭찬과 비판의 자료를 모두 기재하여 객관적인 서술 태도를 유지했다. 이렇듯 《고려사》는 고려 왕조사에 관한 가장 풍부한 기초 문헌이자 고려의 역사를 기록한 정사로서, 학술적·문화재적으로 그 가치를 인정받아 2021년 문화재청이 보물로 지정했다.

《고려사》를 보완하는 독자 중심 역사서, 《고려사절요》

《고려사절요(高麗史節要)》는 '절요'라는 명칭이 붙기는 했으나 《고려사》를 줄인 책이 아니라 서로 보완하는 성격을 지닌 35권 분량의 사서이다. 《고려사》 편찬을 마쳐 문종에게 바치는 자리에서 김종서는 기전체로 서술된 《고려사》가 사실을 자세히 기록하는 장점이 있으나 읽는 이에게 불편하니 역사적 사실을 종합해 시간순으로 서술하는 편년체의 사서를 편찬할 것을 건의해 문종의 승낙을 받았다.

《고려사절요》는 《고려사》에서 찾을 수 없는 기록도 포함하고 있으며, 연월을 꼼꼼히 기술하여 정치적 사건의 추이를 전하는 사료로서의 가치가 높다. 역대 역사가의 사론을 여러 곳에 실어 사학사상 연구에도 귀중한 자료이며, 《고려사》에 비해 왕보다 관료의 비중을 높여 기록한 점도 주목할 만하다.

박시백의 고려사 4 대몽항쟁의 끝, 부마국 고려

1판 1쇄 발행일 2023년 8월 28일
1판 5쇄 발행일 2024년 11월 25일

지은이 박시백

발행인 김학원
발행처 (주)휴머니스트출판그룹
출판등록 제313-2007-000007호(2007년 1월 5일)
주소 (03991) 서울시 마포구 동교로23길 76(연남동)
전화 02-335-4422 **팩스** 02-334-3427
저자·독자 서비스 humanist@humanistbooks.com
홈페이지 www.humanistbooks.com
유튜브 youtube.com/user/humanistma **포스트** post.naver.com/hmcv
페이스북 facebook.com/hmcv2001 **인스타그램** @humanist_insta

편집주간 황서현 **편집** 최인영 이영란 **디자인** 김태형
조판 홍영사 **용지** 화인페이퍼 **인쇄** 정민문화사 **제본** 정민문화사
사진 제공 12쪽 문화재청·76쪽 김성철·136쪽 한국학중앙연구원(유남해)·178쪽 shutterstock

ⓒ 박시백, 2023

ISBN 979-11-7087-035-7 07910
ISBN 979-11-6080-808-7 07910(세트)

- 이 책은 저작권법에 따라 보호받는 저작물이므로 무단 전재와 무단 복제를 금합니다.
- 이 책의 전부 또는 일부를 이용하려면 반드시 저자와 (주)휴머니스트출판그룹의 동의를 받아야 합니다.